0

cero

zero

10

diez

dieci

20

veinte

venti

30

treinta

trenta

40

cuarenta

quaranta

50

cincuenta

cinquanta

60

sesenta

sessanta

70

setenta

settanta

80

ochenta

ottanta

90

noventa

novanta

100

cien

cento

1000

mil

mille

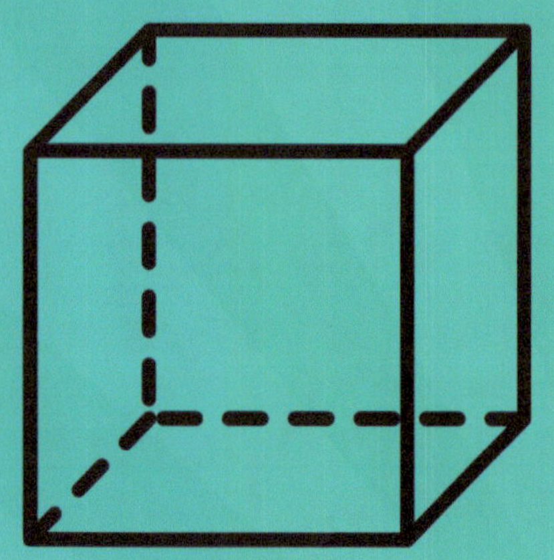

cubo

cubo

bloque de juguete

blocco

cubo de hielo

cubetto di ghiaccio

caramelo

caramello

azúcar

zucchero

dados

dadi

caja de regalo

confezione regalo

caja de cartón

scatola di cartone

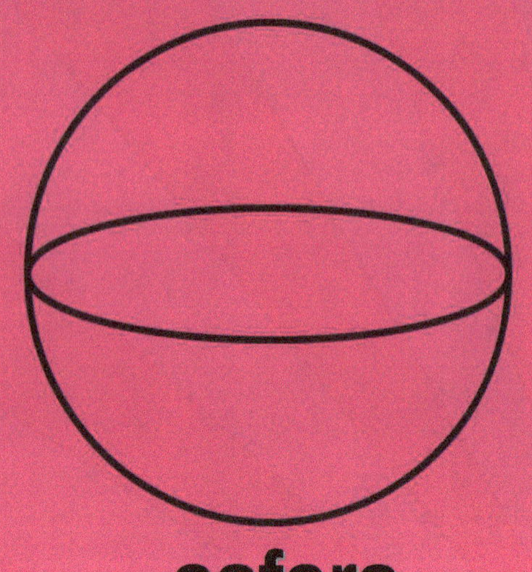

esfera

sfera

cuchara para helado

pallina di gelato

perla

perla

burbuja

bolla

canicas

biglie

planeta

pianeta

bola de nieve

palla di neve

pelota de tenis

pallina da tennis

cilindro

cilindro

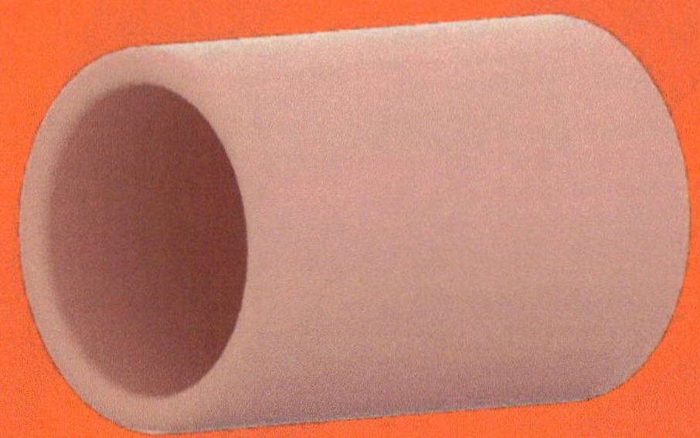

tubo

tubo

baterías

batterie

carrete de hilo

rocchetto di filo

canela

cannella

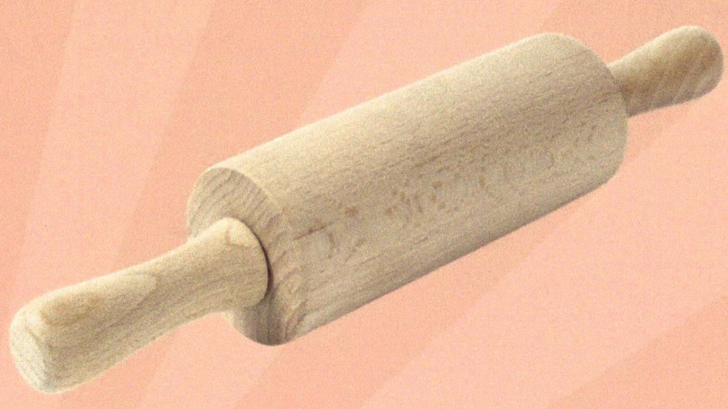

rodillo

mattarello

salchicha

salsiccia

paca de heno

balla di fieno

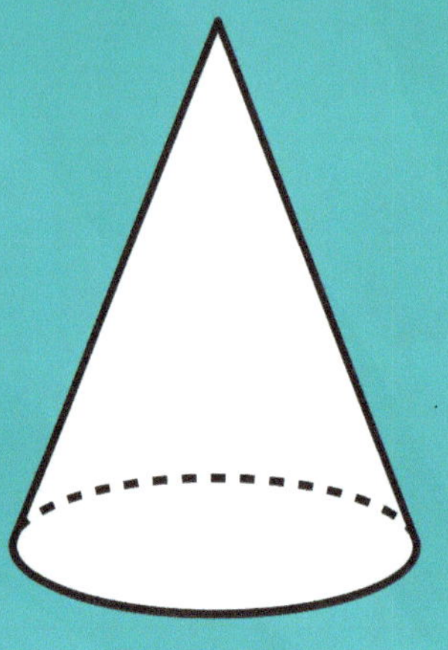

cono

cono

cono de tráfico

cono stradale

cono de helado

cono gelato

sombrero de bruja

cappello da strega

mazmorra

maschio di castello

abeto

abete

sombrero de fiesta

cappello da festa

caracol

lumaca

mora

mora

grosella

ribes

clementina

clementina

durián

durian

fruta del dragón

frutto del drago

yaca

giaco

carambola

carambola

espárragos

asparago

rábano

ravanello

frijol rojo

fagiolo rosso

nabo

rapa

mandioca

manioca

ñame

patata dolce

garbanzos

ceci

águila

aquila

murciélago

pipistrello

castor

castoro

flamenco

fenicottero

cuervo

corvo

mirlo

merlo

herrerillo azul

cinciarella

urraca

gazza

golondrina

rondine

alondra

allodola

periquito

parrocchetto

pájaro carpintero

picchio

pavo real

pavone

loro

pappagallo

tucán

tucano

cigüeña

cicogna

coral marino

corallo

anémona de mar

anemone di mare

erizo de mar

riccio di mare

caballito de mar

cavalluccio marino

pez payaso

pesce pagliaccio

pez dorado

pesce rosso

cangrejo

granchio

cangrejo ermitaño

paguro

delfín

delfino

narval

narvalo

pulpo

polpo

calamar

calamaro

tiburón ballena

squalo balena

orca

orca

ballena azul

balenottera azzurra

ballena beluga

beluga

tiburón martillo

squalo martello

tiburón blanco

squalo bianco

tiburón limón

squalo limone

tiburón tigre

squalo tigre

saltamontes

cavalletta

oruga

bruco

escorpión

scorpione

lagarto

lucertola

dinosaurios

dinosauri

pelo negro

capelli neri

pelirrojo

capelli rossi

pelo castaño

capelli castani

pelo rubio

capelli biondi

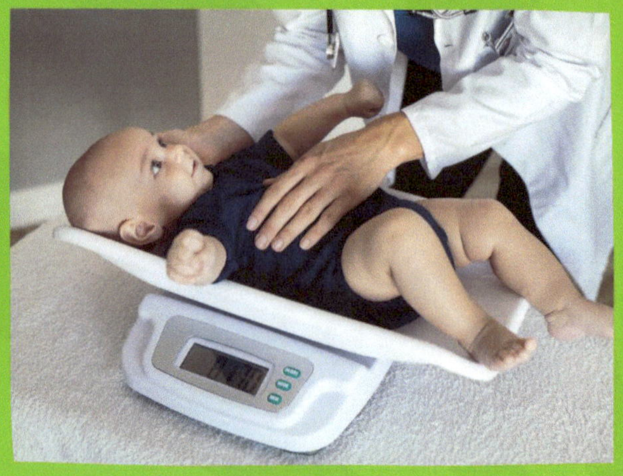

báscula

bilancia

hospital

ospedale

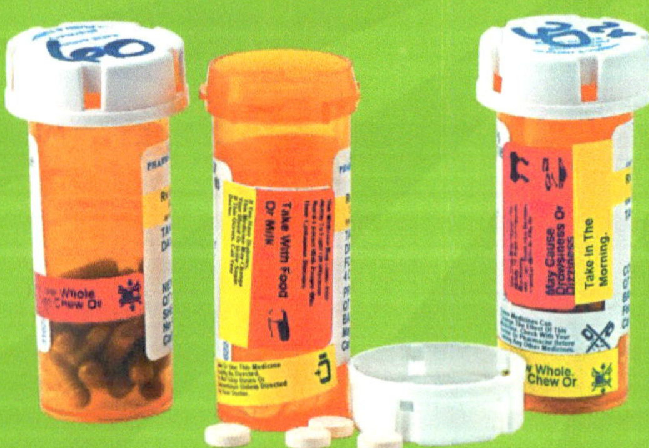

medicina

medicina

termómetro

termometro

vendaje

benda

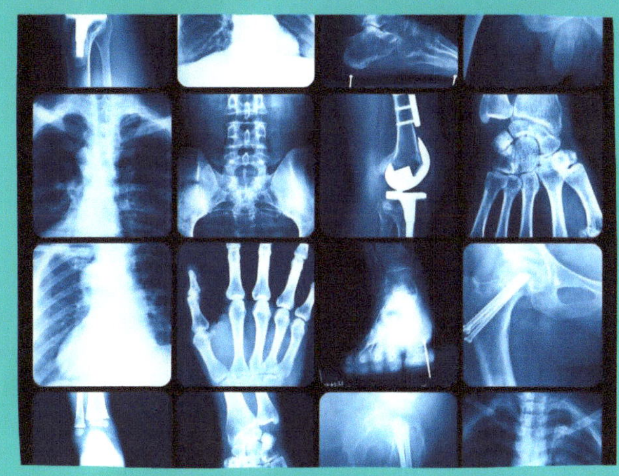

radiografía

raggi x

doctor

dottore

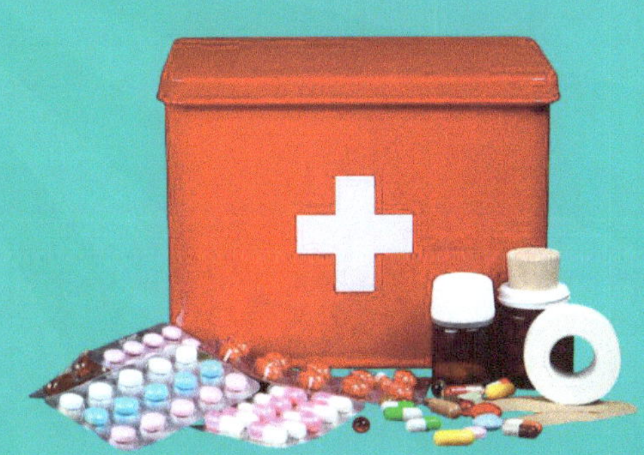

kit de primeros auxilios

kit di primo soccorso

jugar

giocare

dibujar

disegnare

contar

contare

escribir

scrivere

baile

danza

natación

nuoto

esquí

sci

baloncesto

pallacanestro

tenis

tennis

ping pong

tennis da tavolo

fútbol

calcio

equitación

equitazione

hockey sobre hielo

hockey su ghiaccio

judo

judo

boxeo

pugilato

carrera

corsa

béisbol

baseball

grillo

cricket

rugby

rugby

voleibol

pallavolo

maracas

maracas

pandereta

tamburello

xilófono

xilofono

violín

violino

piano

pianoforte

guitarra

chitarra

violonchelo

violoncello

arpa

arpa

tambor

tamburo

djembé

djembe

batería

batteria

trompeta

tromba

trompa

corno

saxofón

sassofono

flauta

flauto

auriculares

cuffie

cantar

cantare

partitura

spartiti

micrófono

microfono